L'ABBÉ DE LAMENNAIS

PARIS. — TYP. SIMON RAÇON ET C°, RUE D'ERFURTH, 1.

LAMENNAIS.

LES CONTEMPORAINS

L'ABBÉ DE LAMENNAIS

PAR

EUGÈNE DE MIRECOURT

PARIS
J.-P. RORET ET Cie, ÉDITEURS
9, RUE MAZARINE.
1854

Les Éditeurs se réservent le droit de traduction.

AVANT-PROPOS.

La tâche que nous avons entreprise est quelquefois pénible et toujours délicate. Pour oser la poursuivre, il nous faut tout le courage puisé dans le sentiment de notre conscience et de notre bonne foi. Entre nous et ceux qui nous réprimandent, le public est seul juge. Nous allons lui mettre sous les yeux les pièces du procès.

Voici ce qu'on a pu lire dans la *Presse* du 14 février dernier :

A MONSIEUR EUGÈNE DE MIRECOURT.

Monsieur,

Tout en vous remerciant de beaucoup d'éloges et de bienveillance que vous m'accordez, permettez-moi de rectifier plusieurs faits absolument controuvés dans ma biographie écrite par vous, et dont une Revue (*la Presse littéraire*) me fait connaître des fragments.

Je sais, comme tout le monde, le genre d'importance qu'il faut attacher à ces biographies contemporaines faites par inductions, par suppositions plus ou moins ingénieuses, plus ou moins gratuites. La mienne, surtout, n'a aucune chance d'être fidèle de la part d'un écrivain dont je n'ai pas l'honneur d'être connue, et qui n'a reçu de moi, ni des personnes qui me connaissent réellement, aucune espèce de communication.

Ces biographies contemporaines peuvent avoir une valeur sérieuse comme critique littéraire ; mais, comme document historique, on peut dire qu'elles n'existent pas.

Je le prouverais facilement en prenant d'un bout à l'autre celle dont je suis le sujet. Il ne s'y rencontre pas un fait exact, pas même mon nom, pas même mon âge. Je ne m'appelle pas *Marie*, et je ne suis pas née en 1805, mais en 1804. Ma grand'mère n'a jamais été à l'Abbaye-aux-Bois. Mon père n'était pas colonel. Ma grand'mère mettait l'Évangile beaucoup au-dessus du *Contrat social*. A quinze ans, je ne maniais pas un fusil, je ne montais pas à cheval, j'étais au couvent. Mon mari n'était ni vieux ni chauve ; il avait vingt-sept ans et beaucoup de cheveux. Je n'ai jamais inspiré de passion au moindre armateur de Bordeaux. Le *vingtième chapitre d'un roman* CÉLÈBRE est un chapitre de roman. Il est vraiment trop facile de construire la vie d'un écrivain avec des chapitres de roman, et il faut le supposer bien naïf ou bien maladroit pour croire que si, dans ses livres, il faisait allusion à des émotions ou à des situations personnelles, il ne les entourerait d'aucune fiction qui déroutât complétement le lecteur sur le compte de ses personnages et sur le sien propre.

Le trait que vous rapportez de M. Roret est très-honorable, et je l'en crois très-capable; mais il n'a pu m'apporter mille francs après le succès d'*Indiana*, en déchirant le traité primitif, puisque je n'ai jamais eu le plaisir de traiter avec lui pour quoi que ce soit.

M. Kératry ni M. Rabbe n'ont jamais été appelés par M. de Latouche à juger *Indiana*. D'abord, M. de Latouche jugeait lui-même; ensuite, il n'avait aucune espèce de relations avec M. Kératry. Je n'ai pas eu, après le succès d'*Indiana*, un appartement et des réceptions. Pendant cinq ou six ans j'ai habité la même mansarde et reçu les mêmes amis intimes.

J'arrive au premier des faits que je tiens à démentir, faisant très-bon marché de tous les autres. Je vous citerai; permettez-le-moi, monsieur :

« Au milieu de cet enivrement du succès,
« elle eut le tort d'oublier le fidèle compagnon
« de ses mauvais jours. Sandeau, blessé au
« cœur, partit pour l'Italie, seul, à pied, sans
« argent. »

1° M. Jules Sandeau n'est jamais parti pour l'Italie à pied et sans argent. Bien que vous sembliez insinuer que, s'il était sans argent, c'était ma faute, ce qui suppose que, brouillé avec moi, il en eût accepté de moi (supposition injurieuse, et que vous n'avez pas eu l'intention de faire), je vous assure, et il vous assurerait, au besoin, qu'il avait des ressources acquises à lui seul.

2° Il ne partit pas le cœur blessé. J'ai de lui des lettres, aussi honorables pour lui que pour moi, qui prouvent le contraire, lettres que je n'ai pas de raisons pour publier, sachant qu'il parle de moi avec l'estime et l'affection qu'il me doit.

Je ne défendrai pas ici M. de Musset des offenses que vous lui faites. Il est de force à se défendre lui-même, et il ne s'agit que de moi pour le moment. C'est pourquoi je me borne à dire que je n'ai jamais confié à personne ce que vous croyez savoir de sa conduite à mon égard, et que, par conséquent, vous avez été induit en erreur par quelqu'un qui a inventé ces faits. Vous dites qu'après le voyage d'Italie je n'ai jamais revu M. de Musset. Vous vous trompez, je l'ai beaucoup revu, et je ne l'ai jamais revu sans lui serrer la main. Je tiens à cette satisfaction de pouvoir affirmer que je n'ai gardé d'amertume contre personne, de même que je n'en ai jamais laissé de durable et de fondée à qui que ce soit, pas même à M. Dudevant, mon mari.

Vous ne m'avez jamais rencontrée avec M. de Lamennais, ni dans la forêt de Fontainebleau, ni nulle part au monde. Je vous demande mille pardons, mais vous ne connaissiez de vue ni lui ni moi, le jour où vous avez fait cette singulière rencontre, racontée par vous d'ailleurs avec beaucoup d'esprit. Je n'ai jamais fait un pas dehors avec M. de Lamennais, que j'ai toujours vu souffrant et retiré.

Puisque nous en sommes à M. de Lamennais, voici le second fait que je tiens essentiellement à démentir. Vous dites que, plus tard, « lorsqu'on amenait l'entretien sur le « rédacteur en chef du *Monde,* » je m'écriais : « *Taisez-vous, il me semble que j'ai connu*

« *le diable!* » Je déclare, monsieur, que la personne qui vous a rapporté ceci a chargé sa conscience d'un gros mensonge. Mon *intimité* avec M. de Lamennais, comme il vous plaît d'appeler mes relations respectueuses avec cet homme illustre, n'a jamais changé de nature. Vous dites : «. George Sand ne tarda pas à « rompre une intimité qui n'avait pu devenir « sérieuse que par distraction ou surprise. » Il n'y a de distraction et de surprise possibles à l'égard de M. de Lamennais que celles dont vous êtes atteint en parlant de la sorte à propos d'une des plus pures gloires de ce siècle. Mon admiration et ma vénération pour l'auteur des *Paroles d'un Croyant* ont toujours été et demeureront sans bornes. La preuve ne me serait pas difficile à fournir, et vous eût frappé si vous aviez eu le temps et la patience de lire tous mes écrits.

Je passe encore bon nombre d'erreurs sans gravité, et dont je me borne à sourire dans mon coin pour arriver à cette phrase : « *Elle fermait l'oreille quand il parlait d'une application trop directe du système.* » Ceci n'a pas l'intention d'être une calomnie, je le sais ; mais c'est un ridicule gratuit que vous voulez prêter à un homme non moins éminent et respectable que M. de Lamennais. N'auriez-vous pu trouver deux victimes moins sacrées qu'un vieillard au bord de la tombe et un noble philosophe proscrit ? Je suis sûre qu'en y songeant vous regretterez d'avoir trop cédé au penchant ironique qui est la qualité, le défaut et le malheur de la jeunesse en France.

Permettez-moi aussi de vous dire qu'une certaine anecdote enjouée à propos d'un M. Kador que je ne connais pas (du moins avec cette initiale) est très-jolie, mais sans aucun fondement.

Enfin, la modestie me force à vous dire que je n'improvise pas tout à fait aussi bien que Liszt, mon *ami,* mais non pas mon maître. Il ne m'a jamais donné de leçons, et je n'improvise pas du tout. Le même sentiment de modestie m'oblige à dire aussi qu'on dîne fort bien en blouse à ma table, et que je n'ai pas tant d'élégance et de charme que vous voulez bien m'en supposer. Là, il m'en coûte certainement de vous contredire, mais je crois que cela vous est fort égal, et qu'en me prenant pour l'héroïne du roman plein d'esprit dont vous êtes l'auteur, vous ne teniez pas à autre chose qu'à montrer le talent et l'imagination dont vous êtes doué.

Agréez, monsieur, l'expression de mes sentiments distingués.

GEORGE SAND.

Nohant, le 12 février 1854.

Nous avons répondu :

A MADAME GEORGE SAND.

Paris, le 14 février 1854.

Madame,

Vous me faites l'honneur de m'écrire dans la *Presse*, et vous attaquez mes pauvres et modestes petits livres avec cette plume puissante qui a remué le monde intelligent. Permettez-moi de vous adresser quelques observations, sans m'écarter du respect que je dois à votre sexe et à votre gloire.

Je ne suis plus un enfant, madame ; je ne suis plus même un jeune homme, comme vous semblez le supposer. J'ai beaucoup vécu, beaucoup vu et beaucoup appris. Avant d'introduire mes lecteurs dans cette galerie des personnages illustres de mon époque, j'ai su parfaitement à quoi je m'exposais. On ne touche pas à l'histoire vivante sans exciter les muscles et sans faire palpiter la chair; on n'entre pas dans la vie intime sans qu'il y ait une tentative immédiate pour mettre le curieux dehors.

C'est ce que vous essayez de faire, madame, avec beaucoup de politesse, j'en conviens, avec un tact exquis et avec ce style dont vous seule avez le secret; mais, somme toute, le but est de me fermer au nez la porte de votre histoire.

Malheureusement ce n'est pas chose facile. La célébrité est une maison transparente où l'on peut regarder à toute heure, en dépit des portes closes. Vous habitez cette maison, madame; je regarde, je vois et je raconte. Si vous me dites que j'ai mal vu, je vous répondrai que mes yeux sont excellents; si vous persistez à soutenir que... je suis myope, je m'inclinerai sans rien répondre.

Les égards dus à une femme, et à une femme de votre talent, me feront toujours reculer devant une polémique que, d'ailleurs, madame, je ne me crois pas de force à soutenir avec vous.

Il en est de l'histoire des personnes de votre sexe comme de leur cœur : presque toujours il y a un coin qu'elles désirent laisser dans l'ombre. Or, quand on est femme et grand écrivain tout ensemble, on a dû nécessairement rédiger quelques *Mémoires*, préparer quelques *Révélations*. Le manuscrit est vendu à un libraire; il s'imprime quelque part, et le biographe étourdi qui vient éclairer, sans intention perfide, il le jure, mais avec maladresse, le petit coin dont nous parlions tout à l'heure, mérite une bonne leçon.

J'accepte, madame, celle que vous avez bien voulu me donner; je ne veux vous c tredire en rien. Je suis de votre avis en tout. Vous ne vous appelez pas *Marie*, vous vous appelez seulement *Amantine-Aurore*, deux noms divins et doux comme un rayon de miel. Votre grand'mère n'a pas lu Jean-Jacques ; votre père était un simple capitaine, et, si j'ai dégarni trop tôt le crâne de votre époux, je confesse humblement mes torts. L'armateur de Bordeaux, puisque cela vous plaît, madame, est un mythe. M. Roret s'est vanté d'un acte d'héroïsme dont les éditeurs de nos jours sont incapables. Jules Sandeau est parti pour Naples avec le portefeuille de Rothschild, et M. de Musset a eu pour vous, à Venise, les plus charmants égards. Bref, je suis coupable d'irrévérence envers M. de Lamennais et M. Pierre Leroux, deux de vos patriarches, dont vous deviez, madame, en tout état de cause, prendre la défense.

Je ne parle pas de M. *Kudor*. Les noms propres n'ont pas d'orthographe, et un K pour un C n'est qu'une médiocre inexactitude. Vous pouvez, d'ailleurs, madame, manquer un peu de mémoire et ne pas vous souvenir de tous vos traits d'esprit.

Un dernier mot, je termine.

Toutes mes biographies sont dictées par le sentiment le plus consciencieux. La vôtre surtout, la plus délicate sans contredit, a été l'objet d'un soin particulier. Pourtant, vous le voyez, madame, avec tout le désir possible de vous être agréable, je n'ai réussi qu'à m'attirer vos reproches. Dois-je en conclure que l'histoire contemporaine est une arche sainte à laquelle il ne faut jamais porter la main? Non vraiment, et je vous affirme qu'on peut en approcher sans être frappé de mort.

Agréez, je vous prie, madame, l'hommage de mon respectueux dévouement et de mon admiration profonde.

EUGÈNE DE MIRECOURT

Nos lecteurs doivent comprendre toute la difficulté de la situation, aujourd'hui que M. de Lamennais est mort et que la tombe donne en quelque sorte aux reproches de madame Sand une sanction lugubre.

Nous marchons sur un terrain brûlant.

Mais est-ce une raison de briser notre plume et de nous taire? Nous ne le pensons pas.

Si l'ombre du grand écrivain se dressait devant nous à cette heure, nous lui dirions sans crainte en quoi sa vie a été glorieuse, en quoi ses actes nous ont paru blâmables.

C'est surtout le jour où une tombe se ferme qu'il est permis d'ouvrir l'histoire.

E. de M.

L'ABBÉ DE LAMENNAIS

Félicité de Lamennais est né à Saint-Malo, le 19 juin 1782, dans la rue où, à treize années de là, Chateaubriand avait vu le jour.

Ces deux défenseurs du catholicisme ont eu le même berceau.

L'un et l'autre ont combattu l'hydre de l'irréligion. Chateaubriand lutta jusqu'à sa mort. Son compatriote avait depuis longtemps jeté les armes et laissé passer le monstre.

Issu d'une ancienne famille d'armateurs, anoblie par Louis XIV[1] pour avoir aidé Duquesne à battre les flottes hollandaises[2], le jeune Lamennais manifesta, dès son plus jeune âge, une répugnance invincible à embrasser la carrière du commerce.

Enfant de chœur à la cathédrale, il avait été frappé des pompes diocésaines, et, de retour à la maison, il édifiait de petites chapelles, imitant ce qu'il avait vu à l'église et s'exerçant aux cérémonies du culte.

---

[1]. Avant les lettres patentes du roi, cette famille s'appelait *Robert*.

[2] Les négociants de Saint-Malo avaient, en outre, prêté douze millions au Trésor public pour construire les remparts de la ville.

Sa mère, pieuse et sainte femme, était ravie des dispositions de son fils.

Quant au père, moins dévot ou plus prévoyant, il renversa les chapelles et envoya leur jeune desservant à l'école.

Malheureusement il fallait passer à côté de la cathédrale pour s'y rendre. L'enfant cédait presque toujours à la tentation de servir cinq ou six messes de chanoines. Cette nouvelle façon de faire l'école buissonnière lui attira de vertes réprimandes. M. de Lamennais père alla se plaindre à l'abbé de Pressigny, évêque de Saint-Malo, accusant les sacristains d'attirer son fils et de l'encourager à la désobéissance.

— Vous avez tort, monsieur, répondit

le prélat. Ce serait un acte coupable que de combattre l'attrait religieux et le sentiment de dévotion précoce qui poussent votre fils aux autels. Laissez faire, et ne vous opposez point aux vues de la Providence. Un jour cet enfant sera la gloire de l'Église.

Si monseigneur l'évêque de Saint-Malo n'a pas fait dans sa vie d'autres prédictions mieux justifiées par l'événement, il risque de voir écrire son nom sur la liste des faux prophètes.

La Révolution, qui persécuta les prêtres et ferma les temples aux fidèles, mit un terme aux pieuses révoltes de l'enfant de chœur, ou plutôt lui donna l'occasion d'en essayer d'autres.

Il était d'une nature opiniâtre, d'un caractère aigre, insoumis, chagrin.

Plus on essayait de lui prouver la nécessité de l'étude, plus il cultivait la paresse, plus il s'obtinait dans l'ignorance.

Cet entêtement de Breton devait s'accroître avec l'âge et causer à M. de Lamennais tous les malheurs qui ont affligé son âge mûr.

La mort prématurée de sa mère, qui peut-être, à force de tendresse, aurait corrigé ce défaut, le laissa en butte à toute l'impulsion de ses instincts. Un trouble subit, apporté par les événements révolutionnaires dans les transactions commerciales de la famille, obligeait son père à de fréquents voyages. L'enfant resta sous la garde d'une vieille gouvernante qui l'aimait, le gâtait, cédait à ses mutineries et désespérait de lui apprendre à lire.

On n'avait point osé l'envoyer au collége, comme on y envoyait un frère plus âgé que lui de cinq ou six ans.

Son caractère indomptable eût mis à bout la patience des maîtres et l'eût exposé à de perpétuelles corrections, à une époque où la verge et la férule passaient encore pour le moyen le plus infaillible d'inculquer la science aux cerveaux rétifs.

Un jour sa gouvernante n'y tint plus, et jeta, par un mouvement de colère, le livre sur lequel, depuis un temps indéfini, elle s'efforçait de lui enseigner les lettres.

— Va-t'en, lui cria-t-elle, va-t'en ! tu ne seras qu'un âne, et tu viendrais me supplier désormais à deux genoux de t'apprendre à lire, que je ne t'écouterais pas. J'y renonce.

— Bon ! fit Lamennais. Alors j'apprendrai seul.

— Je te le défends bien, par exemple !

— Tu me le défends ? Raison de plus.

La vieille femme piquait l'amour-propre du jeune mutin. Tout lui était possible dès que son entêtement se trouvait en jeu. Il ramassa le livre, courut s'enfermer dans sa chambre, retrouva le nom des lettres dans sa mémoire devenue docile, étudia, combina, fit des efforts inouïs d'intelligence pour assembler les syllabes, pour composer les mots, et sut lire au bout de trois jours.

Il apprit à écrire en suivant le même procédé, sans le secours de personne.

Un de ses oncles se chargea de continuer son éducation.

Son frère, Jean-Marie de Lamennais, voulut essayer, pendant les vacances, de lui donner quelques leçons de langue latine; mais l'obstination recommença. L'élève têtu déchirait l'une après l'autre les pages de son rudiment. On l'enferma dans la bibliothèque pour le punir, et, chose prodigieuse, une fois livré à lui-même, il ouvrit intrépidement un dictionnaire, prit quelques ouvrages latins avec la traduction en regard, procéda comme il avait fait pour la lecture, surmonta tous les obstacles avec une sorte de rage mêlée d'orgueil, et, quand son frère revint aux vacances suivantes, il se mit à le narguer et à traduire couramment *Horace* et *Tacite*.

A partir de cette époque, il conquit sur tous les siens une supériorité brutale, une sorte de droit de despote qu'il n'abandonna plus.

Son oncle, grand partisan de Voltaire et presque athée, s'inclinait devant cette intelligence puissante qui se développait sans maîtres.

Il permettait à son neveu de tout lire.

Celui-ci, dévorant les volumes, passa des œuvres de Rousseau à celles de Malebranche ; il chercha tour à tour la vérité dans Voltaire, Bayle, Spinosa, Condillac, se perdit au milieu du chaos des doctrines philosophiques et n'arriva qu'au doute.

La foi s'éteignit dans son âme.

A la réouverture des églises, il refusa de faire sa première communion.

— Plus tard ! j'y réfléchirai ! disait-il, quand on lui parlait de ce devoir religieux à accomplir : je ne suis pas convaincu de la divinité du christianisme.

Et il se replongea dans l'étude, demandant à la philosophie un flambeau et n'en obtenant qu'un surcroît de ténèbres.

A dix-huit ans, il sortit de sa bibliothèque poudreuse et voulut voir le monde.

C'était un horizon nouveau pour lui.

Du premier coup d'œil il crut apercevoir le bonheur en perspective. Il salua ce fantôme brillant des illusions, qui nous entraîne tous tant que nous sommes à sa poursuite, pour nous laisser bientôt, haletants et désolés, dans les steppes arides du regret.

Le monde juge un homme par son extérieur. Jamais il ne cherche à découvrir nos mérites cachés. Malheur à quiconque a contre soi les apparences.

Notre jeune philosophe n'eut aucun succès dans les sociétés qu'il fréquenta.

Pâle, chétif et malingre, il voyait les femmes passer auprès de lui d'un air dédaigneux. Il essaya, mais en vain, d'acquérir les manières sémillantes et le ton léger des beaux fils dont il ambitionnait les triomphes; toutes ces qualités mondaines étaient antipathiques à sa nature.

Il craignit le ridicule, et tomba dans l'aigreur.

Sa parole brève, saccadée, tranchante, déplaisait souverainement et lui attirait ces railleries déguisées, ce sarcasme poli, ces humiliations sourdes, en présence desquelles la colère est impuissante et ne réussit qu'à vous donner les torts.

Un amour violent, une passion malheureuse et sans espoir, acheva de décourager le jeune homme. Il prit en dégoût et en haine ce monde qu'il avait voulu connaître et rentra dans la solitude, honteux, désespéré, pleurant tous ses rêves évanouis, toutes ses espérances perdues.

Son frère, qui se destinait à la prêtrise, le visita dans sa retraite et lui prodigua les consolations chrétiennes, les seules qui dans un malheur sérieux puissent, ici-bas, sécher nos larmes.

Félicité de Lamennais fut touché de la grâce et se décida à faire sa première communion.

Il entrait dans sa vingt-deuxième année.

Le collége de Saint-Malo l'accepta comme

professeur de mathématiques. Il reprit ses chères études, les dirigeant toutes, à partir de cette époque, vers un point de vue religieux.

Dès lors, il songeait à imiter son frère et à demander les ordres.

M. de Lamennais père venait de mourir, sans avoir pu réparer les brèches faites à sa fortune. Plusieurs millions s'étaient engloutis dans le gouffre révolutionnaire, et les fils de l'armateur n'héritaient que de la ruine. Ils s'établirent à la Chênaie, modeste maison de plaisance, située à deux lieues de Dinan, hypothéquée au delà de sa valeur, et dont ils ne purent empêcher la vente qu'à force de travail et de sacrifices.

Ils se décidèrent à chercher des ressources dans leur plume.

Vers la fin de 1808, ils publièrent un ouvrage intitulé : *Réflexions sur l'état de l'Église en France.*

Dans ce livre, ils reprochaient au clergé son ignorance et prouvaient que ses membres n'étaient point assez unis pour reconquérir la force et la considération enlevées à ce grand corps par les événements.

La police de l'Empire ne goûta pas l'argumentation des auteurs.

Elle leur signifia de garder le silence et fit saisir tous les exemplaires de l'œuvre.

En devenant décidément religieux,

Félicité de Lamennais n'avait pas dépouillé ce caractère mutin, cet entêtement despotique, inhérent en quelque sorte à sa nature, et que nous l'avons vu conserver jusqu'à ses derniers jours. L'Empereur osant juger et condamner ses livres lui semblait une énormité sans exemple. Il déclara qu'il voulait venir à Paris lutter contre le colosse et lui démontrer que son pouvoir devait s'arrêter au seuil de la pensée.

Son frère, nommé supérieur du séminaire de Saint-Malo, ne parvint qu'à grand'peine à le détourner de ce projet dangereux.

M. de Lamennais, alors âgé de vingt-neuf ans, reçut la tonsure et les ordres mineurs. Vers la fin de 1812, il fut promu au sous-diaconat.

Il travaillait à un nouveau livre, *De l'institution des évêques*, et à une traduction très-estimée du *Guide spirituel* de Louis de Blois.

Cet ouvrage fut le dernier qu'il écrivit avec son frère.

Poussé par sa rancune, que six années n'avaient pu éteindre, il sortit du séminaire avec le titre de diacre, et prit, en 1814, le chemin de la capitale. Il désirait être témoin de la chute prévue du persécuteur de son livre et appelait de tous ses vœux le retour des rois légitimes.

Il ne tarda pas à être satisfait.

Le jour où les Bourbons rentrèrent à Paris, il donna, comme beaucoup d'autres, un coup de pied au lion qui ne pouvait plus se défendre ; il l'accabla d'injures au sujet de l'établissement de l'Université, la désignant au nouveau pouvoir comme une institution vicieuse, immorale, impie, bonne à renverser sur l'heure et de fond en comble.

M. de Lamennais habitait alors une mansarde de la rue Saint-Jacques. Il était fort pauvre.

Sa publication allait lui rapporter d'assez beaux bénéfices, quand tout à coup la nouvelle du débarquement de l'Empereur à Cannes vint le frapper d'épouvante.

Sans prendre le temps de demander aux

libraires qui avaient vendu son pamphlet un règlement de comptes, il se hâta de fuir et de se réfugier à Londres.

Il y arriva dénué de toute espèce de ressource.

Un ecclésiastique français, l'abbé Carron, directeur d'un pensionnat spécial pour les enfants des émigrés, lui offrit un asile.

Chez ce compatriote généreux, M. de Lamennais se vit entouré d'égards. Il y resta jusqu'au jour où il connut assez la langue anglaise pour chercher un emploi.

Lady Jerningham, sœur de lord Strafford, avait besoin d'un précepteur pour ses enfants. Le diacre de Saint-Malo se présenta chez elle, muni d'une lettre de l'abbé Carron.

Timide, embarrassé, vêtu d'une soutane qui montrait la corde, et roulant entre ses doigts un chapeau crasseux, il fut assez mal reçu par la grande dame. Elle ne lui offrit même pas un siége, et le renvoya, disant qu'elle aviserait.

Le solliciteur parti, elle se hâta d'écrire à l'abbé Carron :

« Je ne veux pas de cet homme-là ; il est trop laid et il a l'air trop bête. »

Sur le premier point, lady Jerningham n'avait pas tort ; mais elle se montrait sur le second d'une médiocre sagacité. Quelle que soit la laideur d'un homme de génie, il est rare que son visage n'ait pas un rayonnement visible pour tous, excepté pour les sots. Nous regrettons de le dire à la sœur de lord Strafford, si elle est toujours de ce monde.

L'abbé Carron consola son compatriote et le garda chez lui.

Au mois de novembre 1815, après la chute définitive de l'Empire, le directeur du pensionnat traversa le détroit, avec tous ses élèves et M. de Lamennais, pour venir s'installer à Paris aux Feuillantines.

— Tout va bien, le pays est calme, dit-il au diacre. Vous avez trente ans ; n'attendez pas davantage et faites-vous ordonner prêtre.

M. de Lamennais suivit ce conseil. Il entra à Saint-Sulpice.

Mais il était écrit que les tribulations et les déboires le suivraient en tous lieux.

Soit qu'il y eût en lui quelque chose d'antipathique, soit que son entêtement naturel et la difficulté de son caractère indisposassent les supérieurs, on le fatigua par des taquineries constantes. Là aussi on lui trouvait l'*air bête*. Ses confrères les séminaristes le fuyaient comme un lépreux. On le laissait se promener seul, mélancolique et morne, dans les jardins et dans les cloîtres.

Il sortit avant l'ordination et regagna les Feuillantines, où il composa les premiers chapitres de l'*Essai sur l'Indifférence*.

Quelques mois après il partit pour la

Bretagne, afin d'aller demander la prêtrise à l'évêque de Rennes; puis il revint à Paris achever son livre.

Qu'on ouvre aujourd'hui ce premier ouvrage de M. de Lamennais, et l'on y trouvera la plus belle défense du catholicisme qui ait été présentée depuis Origène et saint Augustin. Le jeune prêtre avait, en quelque sorte, tâté le pouls de son siècle; il avait compris sur-le-champ de quelle maladie profonde il était atteint. Sauf une certaine brutalité de logique et un peu d'emphase dans le style, toutes les pages de l'œuvre ont un cachet de vérité lumineuse, de conviction sincère et d'orthodoxie qui seront à tout jamais la condamnation de l'homme qui les a écrites.

Après s'être élevé de prime abord à la hauteur des Pères de l'Église, après s'être construit un édifice de gloire sur les bases de la foi, on a vu M. de Lamennais le démolir de ses propres mains et en semer les débris dans le champ de l'erreur.

Comment en un plomb vil l'or pur s'est-il changé?

Quelle fut la cause de ce revirement fatal, de cette incompréhensible volte-face, de cette métamorphose inouïe d'un ange de lumière en démon? Qu'aviez-vous besoin d'aller frapper à la porte du sanctuaire et de vous le faire ouvrir pour le déserter lâchement? Fils de l'autel, ne deviez-vous en approcher que pour y déposer des souillures? Ministre du Christ, était-ce à vous de le trahir comme Judas et de lui donner un baiser vendu? Quoi! vous prenez en main le flambeau, vous éclairez les peuples, et vous essayez ensuite de les rejeter dans l'ombre! Vous érigez vos rancunes en doctrines, votre apostasie en système, et vous croyez qu'on peut ainsi mentir impunément à sa conscience et à Dieu?

Non, détrompez-vous.

Ceux-là mêmes qui ont profité de vos parjures ne vous ont jamais accordé leur estime.

Si vous avez pu croire que vous étiez populaire, vous avez cru à un mensonge. On n'aime pas, en France, le soldat qui change de drapeau. Chez nous, pour être pasteur du peuple, il faut de l'honnêteté dans la doctrine. Si vous aviez une fois reconnu la fausseté de vos enseignements, il ne fallait pas remonter en chaire et prêcher de nouveau.

Qui nous dit, docteur, que tu ne te trompes pas encore? Cet autre flambeau ne va-t-il pas s'éteindre dans d'autres ténèbres?

Toi qui trébuches et chancelles, oses-tu bien avancer le bras pour nous soutenir?

Arrière, faux apôtre!

Libre à toi de ne plus croire à l'infaillibilité du pape, après l'avoir hautement proclamée dans tes écrits; mais aussi, libre à nous de ne pas croire à ta propre infaillibilité, bâton rompu qui se briserait entre nos mains.

Il est temps de parler haut et d'arracher les masques. Dieu a jugé M. de Lamennais, nous le jugeons à notre tour.

Cet enfant mutin, que nous avons vu, dès le berceau, s'obstiner à ne croire qu'en lui; cette nature bretonne, en lutte incessante avec la première des autorités, celle de la famille, devait se révolter plus tard contre toutes les autres autorités, politiques et religieuses. Chez M. de Lamennais, l'orgueil marchait de pair avec l'obstination. Physiquement antipathique à la plupart de ceux qui l'entouraient, il jura de les dominer par la puissance morale, par la force du génie, et l'ambition vint se mettre en tiers avec son entêtement et son orgueil.

Après le succès du livre sur l'*Indiffé-*

rence, il se vit recherché de MM. de Villèle, de Chateaubriand, de Bonald et de Frayssinous.

Par eux et avec eux, il fonda le *Conservateur*, afin de battre en brèche le ministère Decazes, qui bientôt croula sous leurs efforts.

Honoré de la confiance du roi, M. de Villèle ne put donner des portefeuilles à tous ceux qui l'avaient aidé à vaincre. Ceux qui le suivirent au pouvoir furent pour lui; mais les autres, se déclarant *incorruptibles*, recommencèrent la bataille contre le ministre gourmand qui mangeait le gâteau sans eux.

L'abbé de Lamennais, Martainville et Saint-Victor firent ensemble une ligue offensive et défensive, et le premier numéro du *Drapeau blanc* parut[1].

En griffant chaque jour M. de Villèle de leur plume, ils pensaient l'amener facilement à composition.

Martainville ne voulait que des billets de banque, Saint-Victor désirait une place de maître des requêtes, et M. de Lamennais se fût modestement contenté du chapeau de cardinal.

Ne le voyant pas venir, il prit le parti de montrer les dents à la cour de Rome.

Croyez-vous, très-saint-père, qu'un homme de notre sorte va s'escrimer du

---

[1] M. de Lamennais travaillait également, à cette époque, dans le *Mémorial catholique* et dans la *Quotidienne*.

matin au soir à rompre des lances en votre honneur, sans obtenir pour récompense un peu d'écarlate? La barrette, s'il vous plaît, et nous continuerons à vous défendre, sinon Votre Sainteté pourra s'en repentir.

Et voilà M. de Lamennais semant de droite et de gauche, sur les pages du second volume de l'*Essai sur l'Indifférence*, nombre de théories sociales et religieuses, passablement suspectes et frisant l'hérésie. Dans les deux derniers tomes, il continua de lancer les mêmes flèches, regardant toujours du côté des Alpes s'il ne voyait rien venir.

Fatigué d'attendre, il partit pour Rome, curieux de sonder lui-même les intentions du sacré collége au sujet de ce chapeau tant désiré.

Le pape et les cardinaux le reçurent à merveille. On le fêta ; le Vatican lui ouvrit ses portes toutes grandes comme à un hôte de distinction ; l'accueil, en un mot, fut on ne peut plus honorable. Avec des formes douces, insinuantes et paternelles, on lui conseilla de mettre quelque modération dans ses écrits, mais on ne lui parla pas du chapeau[1].

Désappointé, furieux, M. de Lamennais

---

[1] Quelques intimes, entre autres M. de Bonald, firent courir le bruit que le pape avait offert la pourpre à l'auteur de l'*Essai sur l'Indifférence*, mais que celui-ci l'avait noblement refusée. Cette adroite imposture, acceptée par le public, consola un peu M. de Lamennais de ses mécomptes. M. de Loménie, dans ses *Contemporains illustres*, y est pris lui-même et donne ce faux bruit pour une vérité.

revint en France; et alla bouder deux ans sous les ombrages de la Chênaie.

Il traduisit dans sa retraite l'*Imitation de Jésus-Christ*, tout en cherchant par quels moyens il déciderait Rome à le satisfaire.

Évidemment on ne l'estime pas à sa valeur. D'autres manœuvres deviennent indispensables pour décider le pape et le sacré collége à contenter son désir. En conséquence il écrit un nouveau livre [1], où il souffle sur les vieilles haines du gallicanisme. La cendre s'anime, l'étincelle jaillit, le feu se rallume.

[1] *La Religion considérée dans ses rapports avec l'ordre social et politique.*

— Voyons, dit M. de Lamennais, ce que Rome pensera de cet incendie !

Mais, sans attendre l'avis du pouvoir spirituel, le pouvoir temporel crut qu'il était de son droit de châtier l'écrivain.

L'abbé de Lamennais, cité devant les tribunaux et défendu par Berryer, ne fut condamné qu'à trente-six francs d'amende. C'était presque un acquittement. Néanmoins il ne pardonna point aux juges, et leur cria d'une voix courroucée :

— Je vous apprendrai ce que c'est qu'un prêtre !

Ce mot peint l'homme.

Rancune, violence, colère, ambition haineuse, voilà tout M. de Lamennais.

Indignés de sa conduite, les évêques de France fulminent contre lui [1]. L'orage est terrible ; il a peur et retourne s'enfermer à la Chênaie, où il semble manifester quelque repentir de ses torts, et donner au clergé une sorte de réparation, en composant de petits livres pieux et remplis d'onction chrétienne [2].

Il passa de la sorte les années 1827 et 1828.

On pouvait le croire revenu à résipiscence ; mais ce n'était qu'un repos hypocrite, un temps d'arrêt pour tromper ses

---

[1] « N'ayez pas peur, lui écrivait M. de Bonald. Allez toujours, et laissez coasser les grenouilles ! » Mais M. de Bonald n'était pas encore évêque.

[2] Le *Guide du premier âge* et la *Journée du chrétien.*

antagonistes et les attaquer à coup sûr
quand ils ne seraient plus en état de défense.

Ah! très-saint-père, vous êtes têtu?
Je suis Breton. Ah! vous persistez à me
refuser la pourpre? Nous allons voir.

Et M. de Lamennais, sans hésitation et
sans retard, publie un volume avec ce titre : *Des progrès de la révolution et de la
guerre contre l'Église*[1].

---

[1] Voici quelques jugements portés sur M. de Lamennais à cette époque :

« Prêtre paradoxal, dissemblable à lui-même; philosophe-théologien, combattant la raison par la tradition, et prouvant la tradition par la raison; républicain; soumettant la souveraineté du peuple à un pontife par son propre droit souverain. Papiste, allant à Rome proposer un duel mystique au pape; traducteur de « *l'Imitation de Jésus-Christ,* » appe-

Il faut, en vérité, que, chez nous, l'esprit de parti soit bien aveugle ou bien dépourvu de conscience, pour que certaines gens aient cru devoir appuyer de leur approbation ce prêtre ambitieux, dont tous les actes avaient l'intérêt personnel pour mobile et qui mettait le feu au saint-siége.

lant les peuples à la révolte, et, pour en finir, Rousseau en soutane, simple, naïf, dialecticien, éloquent et sublime, comme l'auteur des *Confessions*, de la *Lettre à l'archevêque de Paris*, d'*Héloïse* et d'*Emile*.

Le baron MASSIAS, *Coups de pinceau historiques.*

« L'abbé de Lamennais est une sorte de Diderot catholique ; s'il continuait, nous tremblerions qu'il ne devînt l'autre. Sa célébrité est supérieure à son génie. S'il n'y prend garde, elle se modifiera beaucoup avec le temps. »

MADROLLE, *Défense de l'ordre social.*

« Le Diderot catholique et le Rousseau en soutane, dit Quérard dans une brochure publiée en 1849, est aujourd'hui un Babeuf en rabat. »

comme un incendiaire brûle la maison qu'on lui défend de piller.

Tout est permis, va-t-on nous dire, quand il s'agit du triomphe d'un principe.

Cela n'est pas vrai.

Il y a des secours qui flétrissent, il y a des interventions qui déshonorent.

Et vous l'avez si bien compris vous-mêmes, que jamais vous n'avez regardé cet homme comme un frère. Il était votre instrument, votre esclave, il vous servait de levier. Sa haine était un brandon que vous acceptiez pour allumer vos torches; mais votre main ne cherchait pas la sienne; mais votre regard se détournait de son regard. Vous aviez lu sur son front ce mot honteux qu'aucun parti n'accepte : Apostat!

Il est mort, allez-vous dire ; au moins respectez sa tombe.

Nous répondrons : Que Dieu ait son âme et lui pardonne !

Mais il serait immoral, il serait impie de garder le silence et de tromper le présent au préjudice de l'avenir. Il est bon de dessiller les yeux des peuples et de leur montrer le squelette de ces grands agitateurs qui n'ont obéi qu'à leur instinct haineux et à leur ambition effrénée, tout en essayant de convaincre de leur désintéressement les classes naïves.

Nous ne changeons pas une ligne aux biographies déjà connues de M. de Lamennais, nous n'ajoutons pas une lettre à son histoire; nous le jugeons sans rancune, sans colère.

Il faut que toute vérité se dise.

Les opinions démocratiques de ce prêtre n'ont jamais été sincères ; elles n'étaient chez lui qu'un calcul, elles n'avaient pour but qu'une vengeance. Si l'on eût donné le chapeau de cardinal à M. de Lamennais, vous n'auriez pas eu d'ennemi plus fougueux, plus acharné, plus implacable.

Posez la main sur votre conscience, et soutenez le contraire.

En parcourant les œuvres de cet écrivain, œuvres de style et de génie, mais plus tristes par cela même et plus dangereuses, on est effrayé de l'audace avec laquelle ses doctrines du lendemain donnent le démenti à ses doctrines de la veille. Il se soufflette lui-même, sur sa propre joue, sans que rougeur s'ensuive. Il n'a plus de honte, il n'a que du fiel. Peu lui importent les contradictions, peu lui importent les mensonges, pourvu que Rome sache de quel homme elle refuse de contenter l'orgueil.

L'archevêque de Paris condamna par un mandement le dernier volume dont nous avons donné le titre.

M. de Lamennais, qui avait cru, jusque-là, devoir jouer une comédie de soumission, jeta brusquement le masque et répondit au prélat par deux lettres furibondes.

Il voyait la Révolution de juillet en perspective.

Quand elle éclata, il poussa un cri de victoire, dont tous les organes de la publicité se firent l'écho et qui retentit d'un bout du monde à l'autre.

« Voyez ! criait-il, où étaient les torts ? Ne vous disais-je pas que la société marchait sur une route fatale ? Tous les rois de l'Europe avaient perdu le sens, et le pape lui-même était frappé de vertige. Le ciel est pour moi, la Providence consolide mes doctrines. Vous l'avez voulu ! vous l'avez voulu ! »

Jusqu'à ce jour, il y avait eu simplement protestation de la part des évêques et du saint-siége.

M. de Lamennais n'était pas condamné.

Comme les événements semblaient lui donner raison, presque tout le clergé de France prit parti pour lui.

Nombre de jeunes prêtres le proclamèrent un réformateur sublime et se déclarèrent hautement ses prosélytes.

Au premier rang de cette troupe enthousiaste se distinguaient l'abbé Bautain, l'abbé Lacordaire, l'abbé Gerbet et l'abbé de Salinis, depuis évêque d'Amiens.

Montalembert appuya de son influence l'apôtre et ses disciples.

L'*Avenir* se fonda. L'épigraphe du nouveau journal était *Dieu et Liberté*.

Regardant toujours du côté de Rome

et ne voyant point arriver la barrette, M. de Lamennais glissa dans l'*Avenir* certains articles où il présentait aux sociétés modernes la théocratie comme unique refuge.

C'était allumer une mine capable de faire sauter le monde.

Gardant le silence, au moment où se prêchaient de semblables doctrines, Rome pouvait laisser croire aux rois de l'Europe qu'elle approuvait le novateur et qu'elle se disposait à fondre toutes les couronnes pour les réunir en une seule sur la tête du pape.

Décidément il fallait en finir.

Averti qu'il allait être condamné, M. de Lamennais suspendit son journal, et courut en Italie pour conjurer l'orage.

« Il voulait, dit M. de Loménie, demander lui-même à Rome une sanction ou une censure. Ce voyage n'eut aucun résultat. Après plusieurs tentatives inutiles pour obtenir une décision formelle, il se détermina à revenir en France, annonçant la résolution de recommencer ses travaux[1]. »

Mais à peine était-il sorti de Rome que les foudres du Vatican tonnèrent.

Une lettre encyclique du 15 août 1852 condamna les articles de l'*Avenir*, déclarant qu'ils étaient rédigés avec *une méchanceté sans retenue, une science sans pudeur et une licence sans bornes.*

Ceux qui ont pu voir la colère de l'abbé de Lamennais à cette nouvelle terrible ne peuvent se la rappeler sans effroi.

[1] *Galerie des Contemporains illustres* (1840).

Tous ses amis, tous ses disciples, lui criaient en vain :

— Soumettez-vous ! soumettez-vous !

Il les repoussait d'un air sombre, serrait les poings, et répondait :

— Jamais !

Son frère, arrivé de Bretagne en toute hâte, vint joindre ses supplications à celles des rédacteurs de l'*Avenir*. M. de Lamennais lui tourna le dos et ne daigna même pas lui répondre.

Le pauvre Jean-Marie insista, supplia, pleura.

— Ah ! mon frère, disait-il avec des sanglots, vous voulez donc être hérétique ?

M. de Lamennais haussa les épaules,

prit une chaise et s'assit dans un coin de la chambre, la face contre le mur. Il resta deux heures ainsi sans prononcer une syllabe et sans regarder son frère, qui parlait et suppliait toujours.

Le lendemain, le rédacteur en chef de l'*Avenir* dit la messe comme de coutume.

Au moment où il descendait de l'autel, l'abbé Gerbet et l'abbé Lacordaire firent une nouvelle tentative pour le fléchir. Ils tombèrent tous les deux à ses genoux en le conjurant de rentrer dans le giron de l'Église.

— Retirez-vous ! cria-t-il avec une sorte de rage. Me donner de semblables conseils est une trahison ! Vous m'abandonnez, je marcherai seul.

— Ainsi vous persistez? demanda Lacordaire.

— Je persiste.

— En ce cas, Dieu vous sauve!... Adieu, tout est fini entre nous!

Et les disciples quittèrent le maître pour ne plus le revoir.

On ne savait quel parti prendre pour briser cette tête de fer. Quelqu'un nous affirme que l'archevêque s'entremit officieusement, et laissa voir en perspective le chapeau de cardinal comme prix de l'obéissance.

Le fait nous paraît bien invraisemblable.

Toujours est-il que M. de Lamennais, au moment où l'on ne devait plus s'y attendre, fit une première adhésion, puis une seconde, trouvées l'une et l'autre incomplètes par la cour de Rome. Enfin, il se décida à accepter purement et simplement les doctrines de l'encyclique, disant à l'archevêque :

— Je signe que *le pape est Dieu*, mais je le signe pour avoir la paix.

Il quitta Paris et alla de nouveau s'enfermer dans sa solitude de Bretagne.

Dix-huit mois durant il y resta sans donner signe d'existence.

Qu'attendait-il? sa nomination au sacré collége? On serait tenté de le supposer, et les *Paroles d'un Croyant*, publiées vers le milieu de 1834, ne sont peut-être que le résultat fatal d'une dernière espérance trompée.

Chacun de nous se rappelle le tressaillement de la vieille Europe à la publication de cette œuvre terrible [1].

[1] Tous les hommes d'intelligence amis de M. de Lamennais n'eurent qu'une voix pour lui jeter le blâme.

— Que pensez-vous des *Paroles d'un Croyant*? demandait-on à Jules Lechevalier. — C'est l'Évangile diabolique de la science sociale, répondit-il, l'Apocalypse du démon.

Chateaubriand s'écria : — Mais à quoi songe donc ce prêtre? Il ouvre un club sous un clocher!

— Bon! dit Michaud, voilà 93 qui fait ses Pâques!

M. de Sainte-Beuve, seul, l'illustre critique actuel du *Moniteur*, aujourd'hui homme d'ordre par excellence, approuvait cette œuvre antisociale et impie. Il se chargeait d'aller corriger les épreuves chez Pagnerre, éditeur du livre, et préparait dans la *Revue des Deux-Mondes* un article flamboyant pour lancer la première édition.

Un poëte anonyme de cette époque, indigné des insinuations perfides de l'auteur des *Paroles d'un Croyant* pour exciter les classes indigentes contre les riches, envoya les vers suivants à M. de Lamennais :

S'il est vrai que, courbé sous des lois homicides,
Le pauvre est là qui meurt de faim,

Jamais le génie d'un homme ne s'était élevé plus haut dans les régions de la poésie et de l'éloquence.

A côté de pages célestes et remplies d'une évangélique douceur, il y a dans ce livre des pages sanglantes marquées au fer rouge de la haine :

« C'était par une nuit sombre ; un ciel sans astres pesait sur la terre comme un couvercle de marbre noir sur un tombeau.

Pour apaiser le cri de ses entrailles vides,
De grands mots galopant sur des coursiers sans brides
    Ne valent pas un peu de pain.

Et du pain, ce n'est pas des phrases factieuses,
Des déclamations furibondes et creuses,
Effets tirés sur lui par la mauvaise foi.
Tes pamphlets qu'il achète à l'étal de Pagnerre
Sont un dernier impôt levé sur sa misère,
Et ne profiteront qu'à Pagnerre et qu'à toi.

« Et rien ne troublait le silence de cette nuit, si ce n'est un bruit étrange, comme d'un léger battement d'ailes, que de fois à autre on entendait au-dessus des campagnes et des cités ;

« Et alors les ténèbres s'épaississaient, et chacun sentait son âme se serrer, et le frisson courir dans ses veines.

« Et dans une salle tendue de noir et éclairée d'une lampe rougeâtre, sept hommes, vêtus de pourpre et la tête ceinte d'une couronne, étaient assis sur sept siéges de fer.

« Et au milieu de la salle s'élevait un trône composé d'ossements, et au pied du trône, en guise d'escabeau, était un crucifix renversé; et devant le trône, une table d'ébène, et sur la table un vase plein de sang rouge et écumeux, et un crâne humain.

« Et les sept hommes couronnés paraissaient pensifs et tristes, et, du fond de son orbite creux, leur œil, de temps en temps, laissait échapper des étincelles d'un feu livide.

« Et l'un d'eux s'étant levé s'approcha du trône en chancelant, et mit le pied sur le crucifix.

« En ce moment ses membres tremblèrent, et il sembla près de défaillir. Les autres le regardaient immobiles ; ils ne firent pas le moindre mouvement, mais je ne sais quoi passa sur leur front, et un sourire qui n'est pas de l'homme contracta leurs lèvres.

« Et celui qui avait semblé près de défaillir étendit la main, saisit le vase plein de sang, en versa dans le crâne, et le but.

« Et cette boisson parut le fortifier.

« Et, dressant la tête, ce cri sortit de sa poitrine comme un sourd râlement :

« — Maudit soit le Christ, qui a ramené sur la terre la liberté ! ». . . . . . .

Il est impossible de voir un style plus énergique; mais, nous le demandons, est-il permis de présenter une fantasmagorie plus odieuse ? A-t-on jamais écrit des phrases plus entachées de mensonge et de mauvaise foi ?

Où donc les avez-vous aperçus, ces princes de la terre qui foulent aux pieds le crucifix et qui boivent du sang dans un crâne d'homme ?

Nous regardons autour de nous chez les peuples civilisés, et nous voyons le pouvoir monarchique protéger partout la religion et les lois. S'il y a d'abominables impiétés commises, elles le sont par ceux dont vous allumez la haine et que vous poussez à l'émeute. Quant aux buveurs de sang, tournez-vous, ils vous présentent la main.

Dans le même livre, à quelques pages plus loin, on lit cet autre passage :

« Lorsque vous avez prié, ne sentez-vous pas votre cœur plus léger, votre âme plus contente ?

« La prière rend l'affliction moins douloureuse et la joie plus pure : elle mêle à l'une je ne sais quoi de fortifiant et de doux, et à l'autre un parfum céleste.

« Que faites-vous sur la terre, et n'avez-vous rien à demander à celui qui vous y a mis?

« Vous êtes un voyageur qui cherche la patrie. Ne marchez point la tête baissée : il faut lever les yeux pour reconnaître sa route.

« Votre patrie, c'est le ciel; et quand vous regardez le ciel, est-ce qu'en vous il ne se remue rien? est-ce que nul désir ne vous presse? ou ce désir est-il muet?

« Il en est qui disent : A quoi bon prier? Dieu est trop au-dessus de nous pour écouter de si chétives créatures.

« Et qui donc a fait ces créatures chétives ; qui leur a donné le sentiment, et la pensée, et la parole, si ce n'est Dieu?

« Le père connaît les besoins de son fils; faut-il à cause de cela que le fils n'ait jamais une parole de demande et d'actions de grâces pour son père?

« Quand les animaux souffrent, quand ils craignent, ou quand ils ont faim, ils poussent des cris plaintifs. Ces cris sont la prière qu'ils adressent à Dieu, et Dieu l'écoute. L'homme serait-il donc dans la création le seul être dont la voix ne dût jamais monter à l'oreille du Créateur?

« Il passe quelquefois sur les campagnes un vent qui dessèche les plantes, et alors on voit leurs tiges flétries pencher vers la terre; mais, humectées par la rosée, elles reprennent leur fraîcheur, et relèvent leur tête languissante.

« Il y a toujours des vents brûlants qui passent sur l'âme et la dessèchent. La prière est la rosée qui la rafraîchit. »

Croira-t-on que le même homme, sur le verso d'une page âcre et féroce, ait écrit ces lignes suaves, parfumées d'espérance et d'amour? Au moment où M. de Lamennais composait ce livre, l'esprit du mal et l'ange du bien ont dû tour à tour combattre dans son âme.

Il est à tout jamais déplorable que la victoire soit restée à Satan.

Rome alluma de nouveau ses foudres et condamna, par une seconde lettre encyclique du 25 juin 1835, les doctrines contenues dans les *Paroles d'un Croyant* comme fausses, calomnieuses, téméraires, conduisant à l'anarchie, contraires à la parole de Dieu, impies et scandaleuses. Le pape ajoutait « que ce livre, peu considérable par son volume, était immense par sa perversité. »

M. de Lamennais ne voulut plus entendre parler de soumission.

Dès ce jour il fut hérétique.

Peu de temps après parut le *Livre du Peuple*, dicté dans les mêmes principes et renfermant les mêmes contrastes.

L'auteur cherchait à conquérir une popularité pour lui-même et pour la justification apparente de sa conduite.

Il excitait les passions, les passions seules lui répondirent.

Une fois les masses orageuses rentrées dans le calme, une fois les colères éteintes, la foule passait à côté de l'écrivain sans lui donner la moindre marque de reconnaissance et d'affection. Chez elle, il y avait un sentiment instinctif qui, sans lui faire prendre M. de Lamennais en haine, la rendait en quelque sorte honteuse d'avoir écouté sa voix. Elle comprenait qu'elle se rendait complice d'une apostasie, que l'homme qui lui parlait avait le pied sur des ruines et trébuchait à chaque pas contre le parjure.

M. de Lamennais n'a jamais été accueilli par ces témoignages enthousiastes dont les assemblées révolutionnaires se montrent si prodigues envers ceux qu'elles estiment.

Le peuple voyait passer la robe noire du prêtre sous le manteau du tribun, et se demandait ce que cet homme avait fait de son Dieu.

Abordez le premier venu, dans nos campagnes, dans nos villes, n'importe où; que ce soit un homme dans la force de l'âge, une femme, un vieillard, un enfant, peu importe encore; ouvrez les *Paroles d'un Croyant* à la scène des rois, lisez le chapitre dans son entier, et dites en terminant : « C'est un prêtre qui a écrit cela ! » Vous verrez l'homme pâlir et le vieillard chanceler sur ses genoux; la femme et l'enfant feront le signe de la croix, comme pour conjurer l'esprit infernal.

Non, M. de Lamennais n'a jamais été populaire.

Là fut son premier châtiment.

Non, vous n'avez jamais cru en lui; non, vous ne l'estimiez pas.

Vous le poussiez en avant à l'heure des agressions, parce que vous saviez de quelle force était le venin distillé par sa haine, sa douleur et ses remords.

Vous le trouviez bon pour sonder l'abîme, voilà tout.

M. de Lamennais, cédant aux fatales influences qui le poussaient de plus en plus à sa perte, sollicita la permission de défendre les prévenus d'avril. Sur le refus de la cour des pairs, il protesta, et se vit, presque aussitôt, pour ce fait, traduit lui-même devant la haute chambre. Il fut acquitté ; mais sa plume déversa le fiel sur les juges qui l'avaient cité à leur barre.

La France assista, dès lors, à un triste spectacle.

Elle vit un des plus beaux talents du

siècle, un écrivain supérieur, un génie incontestable, descendre si bas dans l'opinion publique et dans tous les esprits honnêtes, que chacun refusait de le lire.

Chez M. de Lamennais, l'orgueil blessé se changeait en frénésie.

Dans ses paroles, dans ses écrits et même dans sa personne, il y avait quelque chose de satanique et d'étrange qui faisait peur.

Si madame Sand n'a pas dit le mot fameux : « Taisez-vous, il me semble que j'ai connu le diable ! » elle a dû le penser plus d'une fois. En tout cas, la collaboration de l'illustre auteur de *Lelia* ne put sauver le journal le *Monde*, que M. de Lamennais tua sous lui.

Toutes ses tentatives, comme publiciste, étaient frappées de stérilité.

En février 1848, il fonde le *Peuple constituant* [1], cette feuille n'existe qu'un jour.

---

[1] M. de Lamennais s'attira dans le *Corsaire*, au mois de juin 1848, le spirituel article qui va suivre, et qu'on attribue à la plume fine et déliée de M. Lepoitevin-Saint-Alme :

« Voilà l'ex-abbé La Mennais qui met décidément « le *Peuple constituant*, » journal socialiste, au-dessus de l'Évangile.

« L'Évangile est un petit livre qui obtint autrefois à son apparition une certaine vogue ; il eut douze éditeurs, nommés apôtres, qui le répandirent dans le petit univers alors connu. Ces éditeurs furent décapités ou crucifiés à cause de ce livre, ce qui n'est jamais arrivé encore au gérant du journal de M. La Mennais, ni à M. La Mennais lui-même.

« Chez les Corinthiens, les Galates, les Éphésiens, les Alexandriens, le petit volume fut tiré à un nombre inouï d'exemplaires. Des légions romaines qu'on appelait la *Foudroyante* et la *Victorieuse*, ayant pour co-

M. de Lamennais entre à la *Réforme*, la *Réforme* meurt.

Une sorte de malédiction le suit partout.

A l'une des premières séances de l'Assemblée constituante, il voit entrer dans la salle un homme dont la vue le fait pâlir.

C'est l'abbé Lacordaire, vêtu de son blanc costume de dominicain.

M. de Lamennais baisse les yeux et sem-

---

lonels Maurice et Victor, se firent massacrer pour l'Évangile. Jamais succès pareil. Homère fut éclipsé.

« Entre autres choses remarquables, ce livre disait : *Celui qui s'abaisse sera exalté, celui qui s'élève sera abaissé. — Ne fais pas à autrui ce que tu ne voudrais point qu'il te fût fait. — Heureux ceux qui souffrent, parce qu'ils seront consolés. — Aimez Dieu et votre prochain, voilà la loi et les prophètes.*

« L'ex-abbé La Mennais arrive mil huit cent quarante-huit ans après l'Évangile, et publie le *Peuple constituant*, feuille socialiste adressée nécessairement

ble regarder très-attentivement une feuille de papier placée sur son pupitre.

Pourtant la Chambre entière est émue à l'aspect du grand prédicateur. On le suit des yeux, on est émerveillé de son costume, on est curieux de savoir quelle place il va choisir, et on le regarde passer tout près de M. de Lamennais, qui ne relève pas le front.

Lacordaire monte à l'extrême gauche et va s'asseoir au faîte de la seconde travée,

au peuple. Il y a cette différence pourtant que l'Évangile des apôtres se délivre gratis dans les églises, et que le « *Peuple constituant* » se vend 24 francs par an. Aussi le peuple ne balance pas un instant, il va écouter l'Évangile à Saint-Eustache ou à Notre-Dame, et il achète pour 24 francs de pain, de viande et de vêtements. Il n'y a pas encore de journal qui vaille cela.

« L'ex-abbé de La Mennais est un homme de talent et de style, qui paraît garder un ressentiment profond de ce qu'on ne l'a pas nommé pape. »

quatre ou cinq rangs au-dessus de l'ancien rédacteur en chef de l'*Avenir*.

M. de Lamennais regardait toujours sa feuille de papier.

— Savez-vous qui nous arrive là? lui dit un de ses voisins.

Point de réponse. M. de Lamennais fait la sourde oreille.

— Retournez-vous donc, c'est Lacordaire.

M. de Lamennais ne bouge pas. Son voisin lui tire la manche.

— Là, voyez, tout à fait au-dessus... Il est là.

— Eh! pour Dieu, laissez-moi! dit M. de Lamennais poussé à bout. Ne comprenez vous pas que cet homme me pèse sur les épaules comme un monde?

Il n'osait pas dire comme un remords.

Dans ces derniers temps, M. de Lamennais finit par s'apercevoir qu'il avait été le jouet des démocrates. On lui faisait tenir la mèche et allumer la poudre. Il ne voulut pas néanmoins en convenir, obéissant toujours à ce démon de l'obstination qui le possédait dès l'enfance.

Comme tous les hérétiques, il avait un cerveau de bronze, une âme inflexible, un orgueil insensé.

Au quinzième siècle, il serait monté sur le bûcher de Jean Huss plutôt que de convenir de ses torts.

Le dernier travail de M. de Lamennais a pour titre *Esquisse d'une philosophie*. C'est un livre fort beau comme talent et comme style, mais la partie morale est nulle. M. de Lamennais a bâti sur du sable un édifice qui manque de clef de voûte.

Il commençait une traduction du Dante, quand la mort est venue le saisir.

Son but était d'éclairer les hautes questions scolastiques soulevées par Alighieri et qui sont jusqu'à présent restées obscures.

M. de Lamennais a rendu l'âme le 27 février dernier, dans son logement de la rue du Grand-Chantier, au Marais, où un très-petit nombre de personnes étaient admises à le voir durant sa longue et douloureuse maladie.

Dieu lui a laissé le temps du repentir.

Essayerons-nous de pénétrer les secrets de l'agonie? Faut-il reproduire les versions différentes qui nous sont parvenues? Est-il vrai que des amis impitoyables aient chassé de la chambre du malade l'Église, qui venait, en mère tendre, lui apporter le pardon?

Cela nous paraît impossible.

Personne au monde ne doit prendre une responsabilité semblable en face de la mort et des jugements de Dieu.

Après tout, certaines gens regardent cela comme fort peu de chose. Qu'importe la damnation d'un homme quand il s'agit de l'honneur d'un drapeau? Perdons les âmes, mais sauvons notre orgueil.

Si la contrainte ne s'est pas assise au chevet du moribond, si M. de Lamennais a conservé jusqu'à son heure dernière cette énergie fougueuse dans l'entêtement qui a caractérisé toute sa vie ; s'il n'a pas tremblé devant le spectre qui allait lui ouvrir la tombe, si la vue de l'éternité ne l'a pas glacé d'épouvante, nous n'hésitons pas à dire que ce prêtre est plus fort que Voltaire.

M. de Lamennais était né pour être le Bossuet de notre siècle.

Dieu lui avait mis autour du front l'auréole du génie. Toutes les splendeurs de l'intelligence éclairaient son âme. Hélas! ôtez au plus pur et au plus radieux des anges son immortelle couronne de soumission et de candeur, vous aurez Satan !

FIN

NOTE SUR L'AUTOGRAPHE.

M. Dentu fils, libraire au Palais-Royal, a bien voulu nous communiquer une lettre écrite par M. de Lamennais à l'époque de ses plus beaux jours de ferveur chrétienne. Elle est adressée à M. de Nugent, que de cruelles épreuves avaient dégoûté du monde et qui voulait chercher le repos et des consolations dans une retraite religieuse. M. de Lamennais l'y exhorte vivement. Il nous a paru curieux de montrer quel était alors le langage de l'homme qui a refusé les sacrements de l'Église à son heure suprême.

M. de Lamennais a signé *de la Mennais* jusqu'en 1848. A cette époque, il a supprimé la particule et adopté l'orthographe républicaine, qu'il a conservée depuis.

Voici dans toute sa teneur la lettre.

adressée à M. de Nugent, et dont il ne nous a été possible de donner qu'un extrait ci-contre.

Paris, 6 juin 1819.

Je pars dans un moment, monsieur ; je n'ai que le temps de vous adresser la lettre que vous désiriez pour M. l'abbé Frayssinous. Depuis hier, j'ai pensé bien des fois à vous avec autant de respect que de tendresse. Je vous porterai tous les jours à l'autel, n'en doutez pas. De grâce, ne différez point d'accomplir ce que Dieu demande de vous ; je vous en conjure en son nom, et c'est en son nom aussi que je vous promets un bonheur tel que vous n'en avez pas goûté depuis longtemps. *Venite ad me omnes qui laboratis et onerati estis, et ego reficiam vos.* Adieu, monsieur ; je suis à jamais tout à vous.

Dimanche.   L'A. F. DE LA MENNAIS.

Affaire Dreyfus d'accomplir ce que Dieu demande
de vous ; je crois en Dieu et Dieu veut
ce ce soit vous aussi que je vous prierais
au bonheur tel que vous n'en avez pas goûté
depuis longtemps. Peut-être ne serez-vous que le
le moralité exilé, en ce je refusera pas. Celui
illusoire, je suis à jamais tout à vous
Dieu ... L'a fait à Mulhouse

www.ingramcontent.com/pod-product-compliance
Lightning Source LLC
LaVergne TN
LVHW050635090426
835512LV00007B/871